글 | 국립과천과학관 유만선

연세대학교에서 기계공학을 전공하고, 같은 학교 대학원에서 열과 에너지 관련 연구로 석사, 박사 학위를 받았습니다. 2007년부터 국립과천과학관에서 첨단기술 관련 전시기획을 하였으며, 2013년 공공 메이커스페이스인 '무한상상실' 1호를 만들고 운영하였습니다. 소비지향적인 현대 사회에서 작지만 가치 있는 무언가를 만드는 메이커 문화가 꽃피길 바라는 이상주의자입니다.

그림 | 김재희

한국예술종합학교를 졸업한 후 정감 있는 애니메이션을 만들고, 스토리텔링의 재미에 빠져 소소하고 의미 있는 하루하루를 보내고 있습니다. 즐거운 일, 맛있는 음식, 재밌는 영화는 뭐든지 다 경험하고 싶고, 좋은 애니메이션을 기획하고 행복한 그림을 그리는 사람이 되고 싶습니다. 그린 책으로는 사이다 시리즈 『인공지능』 『바이러스』와 『EBS 중학과학 개념 레시피』 『EBS 중학수학 개념 레시피』 등이 있습니다.

인스타그램 @jehiig

'사이다' 시리즈는

과학을 뜻하는 '사이언스(Science)'와 모두를 뜻하는 '다'를 합친 말입니다. '과학의 모든 것', '톡 쏘는 사이다처럼 톡톡 튀는'이라는 뜻을 담고 있죠. 강하게 발음하면 '싸이다'가 되는데, '과학적 지식이 점점 쌓인다.'라는 의미도 있습니다. 이 모든 의미 위에 과학과 독자 '사이'를 잇고자 하는 마음을 듬뿍 담았습니다.

국립과천과학관 어린이 과학 시리즈

글 국립과천과학관 유만선 그림 김재희

펴내는 글

　20세기에 가장 중요한 능력은 문해력, 즉 글자를 읽는 능력이었습니다. 읽을 줄 알아야 자신의 이익을 지키면서 교양을 갖춘 문화인으로 살 수 있었기 때문이죠. 21세기인 지금은 과학을 이해하며 즐길 수 있는 문해력이 더해져야 합니다. 과학 문해력은 단순히 현상과 공식을 보는 행위가 아니라 사실을 오해 없이 받아들이고 실제로 이해하는 능력입니다.

　많은 사람들이 과학은 어렵다고 말합니다. 정말입니다. 과학은 어렵습니다. 그런데 과학만 어려운 것은 아닙니다. 역사도 어렵고 예술도 어렵고 경제, 철학, 지리, 문학 모두 어렵습니다. 그런데 왜 과학만 유독 어렵다고 느낄까요?

　언어가 다르기 때문입니다. 다른 분야는 우리가 평소에 사용하는 자연어로 쓰여 있어 아무리 어려워도 읽을 수 있습니다. 하지만 과학은 수학이라는 비자연어를 사용합니다. 언어가 달라서 유독 어렵게 느껴지는 것이죠.

　모든 사람이 과학자가 될 수도 없고 그럴 필요도 없습니다. 하지만 과학 문해력은 21세기의 핵심 능력입니다. 그 능력을 키워 줄 사이언스 커뮤니케이터가 직업인 과학자들이 모여 있는 곳이 있습니다. 바로 과학관입니다. 과학관의 과학자들은 전시와 교육을 통해서 과학 문해력을 높이는 일을 합니다.

  이를 위해 국립과천과학관의 과학자들이 새로운 시도를 하였습니다. 어린이들의 과학 문해력을 높이는 글을 써서 공개한 것입니다. 어린이들이 궁금해하고 알아야 할 과학 지식을 재미있는 동화와 이야기 형식으로 풀어냈습니다. 여기에 상상아카데미가 글을 엮고 그림을 더하여 어린이들을 위한 과학 도서 '사이다' 시리즈를 만들었습니다.

  '사이다'는 과학을 뜻하는 '사이언스(Science)'와 모두를 뜻하는 '다'를 합친 말로, '과학의 모든 것', '톡 쏘는 사이다처럼 톡톡 튀는'이라는 뜻을 담고 있습니다. '사이다' 시리즈에서 과학의 모든 것을 만나 보세요. 톡톡 튀는 사이다처럼 시원하게 즐기는 동안 과학 지식이 차곡차곡 쌓이고 과학 문해력이 껑충 뛰어오르는 경험을 하게 될 것입니다.

  과학은 이제 문화입니다. 과학 문해력이 높아질수록 우리 어린이들이 살아갈 사회도 더 합리적으로 작동하게 될 것입니다. '사이다' 시리즈로 명랑 사회를 구현합시다.

2022년 6월
국립과천과학관장 이정모

차례

펴내는 글　　　　　4

1 나랑 친구할래?

나의 첫 인간 친구	10
나는 힘이 세!	15
인간에게 준 최고의 선물	20
난 인간만이 다룰 수 있어	26

2 난 너의 에너지

일=에너지	34
또 다른 나, 전기 에너지	41

3 증기 기관의 탄생

내겐 에너지원이 필요해	54
에너지원을 확보하라	57
기계 장치의 발견	65
엄청난 발명품, 증기 기관	70

4 증기 기관, 혁명의 중심에 서다

속도를 높여 봐!	76

제임스 와트가 내놓은 해결책은?	81
칙칙폭폭, 증기 기관차	85
혁명의 지도자, 불	91

5 부릉부릉, 엔진의 등장

부릉부릉, 자동차 엔진	98
더 세게, 더 힘차게!	102
하늘을 날아 보자고	108
우주로, 우주로!	114

6 외르스테드, 에디슨, 그리고 패러데이

전기가 만들어지는 곳	122
나침반이 회전을 하는 이유	127
전기 에너지를 팔아 볼까?	133
과학을 하는 마음	137

7 에너지의 미래

뜨거워지는 지구	142
투발루의 이야기	146
물, 바람, 태양열	150
꿈의 에너지	154

1

나랑 친구할래?

나의 첫 인간 친구

🧓 얘가 그새 잠이 들었네! 방에 들어가서 자렴.

👦 방금까지 여… 여기 있었는데… 어… 어디 갔지?

🧓 잘 자고 일어나서 갑자기 뭐가 있었다는 거니? 그리고 연우야, 불에 가까이 가면 위험하단다.

👦 방금 불이 튀어나와서 저에게 말을 걸었는데, 못 보셨어요, 할머니?

🧓 불이라고? 불이 말을 한다고? 네가 아직 잠이 덜 깼나 보구나. 하하!

👦 네, 정말 불이 나타나서 말을 했단 말이에요.

🧓 하하! 불이 우리 연우와 친구가 하고 싶었나 보구나. 그래도 불이랑 친구하는 건 권하지 않는단다. 불은 매우 위험하니까.

👦 분명히 봤는데, 저… 정말 꿈이었을까요? 하긴, 불이 말을 할 리는 없죠. 잠이나 더 자야겠어요.

참 귀여운 인간 친구네.

나는 힘이 세!

🙂 너 어쩌려고 나타난 거야? 네 정체를 이렇게 마구 드러내도 괜찮은 거야?

🔥 아니, 그냥 난 너랑 방금 친구가 되었는데, 네가 나를 위험하다고 하니까 서운해서 그만…….

😀 와! 부… 불이 말을 하네. 그리고 연우 네가 불이랑 친구라고?

🙂 하하, 어쩌다 보니 그렇게 됐어.

😀 안녕? 만나서 반가워. 나는 연우 친구 가희야.

🔥 안녕, 반가워. 난 보다시피 불이야.

😀 네가 연우와 친구니까 나랑도 친구네. 그렇지? 아까는 내가 놀라는 바람에 제대로 인사를 못했어.

🔥 한번에 친구가 둘이나 생기다니. 참 너는 용감하구나. 연우보다 놀라지 않았는걸! 연우는 날 처음 봤을 때 말이야…….

🙂 너… 너, 지금 무슨 말을 하려는 거야? 쳇!

😀 불이 말해 주지 않아도 이미 알 것 같은 이 느낌은 뭘까?

🙂 쳇! 뭘 알 것 같다는 건지.

😀 하하! 오늘은 여기까지만 할게. 참, 난 불을 좋아하는 만큼 불에 대해서 궁금한 게 많아.

🔥 뭐든지 물어봐. 다 대답해 줄게. 우리는 친구잖아!

🌱 하하! 연우가 겁이 많기는 하지만 연우는 불을 정말 좋아해. 나도 불을 좋아하지. 특히 향초의 따스한 불빛은 마음까지 따스하게 하는 느낌이야.

🔥 예전부터 너희 인간들은 나만 보면 도망 다니기 바쁘던 다른 동물들과는 달리 나를 무서워하기만 한 건 아니었어.

🌱 그게 무슨 말이야?

🔥 아주 옛날에 있었던 이야기를 들려줄게. 내가 번개와 함께 하늘에서 내려와서 나무를 태우고 있을 때였어.

🌱 네가 번개와 함께 내려왔다고?

🔥 응. 그때 너희 인간 중 한 명이 내게 다가왔어.

👦 무슨 일이 있었던 거야?

🔥 나를 발견한 인간이 내게 다가오더니 나뭇가지를 꺾어 나를 마음대로 휘둘렀어. 난 정말 깜짝 놀랐지.

👦 오! 대단하다. 너를 마음대로 휘두르다니.

🔥 너도 조금 전에 불을 때면서 나뭇가지로 나를 마구마구 휘둘렀잖아.

👦 아… 그건….

🔥 분명히 말하건대 그 순간이 너희 인간이 다른 동물들을 누르고 지구상에서 가장 강력한 생명체가 된 순간일 거야. 다 이 '불 님' 덕분이라는 말이지. 하하하!

인간에게 준 최고의 선물

🧒 인간이 지구상에서 가장 강력한 생명체가 된 게 대체 너랑 무슨 상관이야?

🔥 우선 인간이 사용한 최초의 불 이야기를 해 줘야겠군.

🧒 최초의 불 이야기?

🔥 아까 말했듯이 인간은 우연히 벼락을 맞아 불타고 있던 나무에서 나를 처음 봤어. 그 뒤 인간은 내게 강한 호기심을 가졌어.

🧒 인간은 처음부터 불을 좋아했구나?

🔥 맞아. 인간은 그 뒤에도 아주 건조한 날씨에 나뭇가지끼리 서로 부딪혀서 불이 생겨나는 것을 보았지.

🧒 넌 언제 처음 생겨난 거야?

🔥 나도 내가 언제 처음 생겨났는지는 몰라. 하지만 인간이 나를 처음 발견했을 때의 기억은 있어. 아마도 180만 년 전에서 약 30만 년 전 사이였을 거야.

🧒 뭐… 뭐라고? 그렇게나 오래되었어?

🔥 응. 호모에렉투스라고 들어 봤어?

🧒 당연히 들어 봤지. 두 발로 선 인간이라는 뜻이잖아!

🔥 인간은 나를 발견한 뒤부터 내 주위로 자꾸 몰려들었어. 그러고는 나뭇조각이나 마른 풀잎 등과 같은 먹거리를 내게 계속 주었지.

😮 어! 내가 아까 너에게 나뭇가지를 준 것처럼?

🔥 맞아. 내게 먹거리를 주면서 인간은 비로소 나를 계속 살아 있게 하는 방법을 찾아내었어.

😊 그다음에는 어떤 일이 벌어진 거야?

🔥 지금부터 내가 하는 이야기를 들으면, 아마 나 '불 님'을 존경하게 될걸? 하하!

🔥 무엇보다 사나운 동물조차 나 '불 님'에게 한번 데이고 나면 두 번 다시 내 근처에 오고 싶어 하지 않았어.

🧑 인정! 너는 정말 뜨거워. 하지만 너의 뜨거움이 좋을 때도 있어. 추운 겨울에 네 옆에 있으면 따뜻하거든. 덕분에 추위를 견딜 수 있지.

🔥 맞아. 네가 지금 말한 것처럼 인간은 다른 동물들과는 달랐어.

🧑 인간은 너를 두려워하지 않았구나?

🔥 응. 인간은 나의 뜨거운 성질을 두려워하면서도 나를 활용하는 방법을 계속 찾아냈어.

🧒 우와, 호모에렉투스 멋져!

🔥 겨울이 되면 다른 동물들은 동굴 속으로 들어가거나 땅굴을 파 살면서 활동량을 줄이는 방법을 선택했어. 하지만 인간은 추운 겨울에도 나 '불 님'을 활용한 덕분에 활동을 계속 이어 나갈 수 있었지.

👦 이것도 인정! 나는 추위를 너무 많이 타서 네가 없는 겨울은 상상할 수도 없어.

🧒 나도, 나도. 이제 너를 '불 님'이라고 인정해 줄게.

🔥 에헴! 이게 다 나의 화끈한 성격 덕분이라고!

난 인간만이 다룰 수 있어

🧒 네가 사나운 동물을 인간 근처에 오지 못하게 막고, 추운 겨울을 버틸 수 있게 해 준 건 알겠어. 그런데 너를 활용한 인간이 더 대단한 게 아닐까?

🔥 쳇! 그게 전부가 아니라고. 더 큰 게 있단 말이야! 잘 들어 봐. 인간이 나를 다룰 수 있게 되기 전에 너희 인간이 먹고 살았던 음식이 뭔지 알아?

🧒 당연히 모르지.

🔥 나무 열매를 따 먹거나 사나운 동물이 사냥해서 먹고 남긴 고기 조각을 훔쳐 먹었어. 또 쥐와 같이 작은 동물을 공격해서 먹고 사는 게 고작이었지.

🧒 우웩! 뭐… 뭐라고? 동물이 먹고 남은 음식? 쥐?

🔥 초기의 인간은 동물을 날것 그대로 먹기도 했어.

🧒 지금처럼 요리하지 않고 날것을 그냥 먹었다고?

🔥 맞아. 게다가 인간을 제외한 다른 생명체들은 스스로를 보호하기 위해 나름대로 껍질과 근육을 발달시켜 왔는데, 인간은 이런 것들을 그대로 먹어야 했으니 뱃속에서 분해하는 데 많은 시간이 들 수밖에 없었어.

🗣 네 이야기를 들으니 슬퍼.

🔥 걱정 마. 내가 바로 이 문제를 해결해 주었으니까.

🗣 인간이 너를 이용해서 먹거리를 익힐 수 있게 된 거구나!

🔥 맞아. 나의 뜨거움은 인간의 치아나 위를 대신해서 음식을 부드럽게 만들었어. 또 내가 날것에 있던 해로운 미생물을 없애버림으로써 인간이 안전한 음식을 먹을 수 있게 되었지.

🗣 이게 다 너 '불 님' 덕분이네.

😀 난 오늘 아침에도 할머니가 해 주신 볶음밥을 먹었는데, 새삼 네게 고마운 마음이 드네.

🔥 뿌듯한걸! 그 마음 잘 받을게.

😀 나도 앞으로 음식을 먹을 때마다 네가 생각날 것 같아.

🔥 참, 내가 인간의 치아와 위 등을 대신해서 음식을 부드럽게 한 덕분에 인간이 음식을 소화시키는 데에 고생을 덜하게 되었다고 말한 거 기억하지?

😀 당연하지. 내 기억력을 어떻게 보고!

🔥 하하! 기억력을 의심한 건 미안. 어떤 과학자들은 그 덕에 인간이 '생각하는 활동'에 시간을 더 쓸 수 있게 되었다고 주장하기도 해.

👦 불을 이용해서 음식을 익혀 먹었던 게 인간이 다른 활동에 집중할 수 있도록 시간을 벌어 주었다는 이야기구나?

🔥 그렇지. 그 덕분에 인간이 더 똑똑해졌다고 말이야. 그래서 인간이 도구를 만들거나 문자를 만들어 다른 동물과는 다른 '인간 문명'을 만들어 냈다고 주장하지. 이쯤 되면 내가 얼마나 대단한지 알겠지?

👦 오! 역시, 대단한 친구야. 하하!

🔥 너희와 친구가 되고 싶었던 것도 내가 인간에게 단순히 무섭고 두려운 존재만은 아니라는 것을 말해 주고 싶었기 때문이야. 나를 현명하게 활용한 너희 조상들은 내 덕분에 사나운 동물로부터 공격을 받지도 않았고, 어두운 밤이나 추운 겨울에도 활동할 수 있었으니까 말이야.

👦 맞아, 맞아!

🔥 음식을 익혀 먹을 수 있게 된 것도 인간이 나를 다룰 수 있게 되면서 얻은 큰 선물이라는 것까지 알게 되면, 인간에게 나는 꽤 사랑스럽게 보일 거야.

👦 이미 충분히 사랑스러운걸?

2

난 너의 에너지

일 = 에너지

🌱 너희 둘, 나 몰래 무슨 재미있는 이야기를 하고 있는 거야?

😀 글쎄, 우리의 친구 '불 님'이 방금까지 우리 집 보일러실에 있었다지 뭐야?

🌱 뭐? 보일러실이라고? 너 지난번에는 연우 할머니 댁에 있지 않았어?

🔥 이제 막 연우에게 보일러실에서의 내 모습을 이야기하려던 참이었어. 너희 혹시 에너지에 대해 들어 봤어?

😀 당연하지! 이미 많이 들어서 잘 알고 있다고.

🔥 그래? 그럼 에너지가 뭔지 한번 말해 봐.

😀 어… 그게… 에너지란 말이지… 음… 바람이나 원자력이나 뭐 기름… 그런 데서 나오는 거?

🔥 뭐야? 아주 잘 안다며?

😀 아는 것과 누군가에게 설명하는 것은 다르다고!

🌱 내가 설명해 볼게. 에너지란 무언가가 어떤 물체에 일을 하거나 그 물체를 가열하는 데에 필요한 것을 말해.

🔥 오! 정말 대단한걸!

😀 그… 그게 바로 내가 이야기하려던 거였다고.

🌱 사실 나도 에너지의 정의를 말할 수는 있지만, 에너지가 일을 한다는 게 무슨 말인지는 모르겠어.

🙂 에너지가 많고 적은 건 어떻게 알 수 있어?

🙂 에너지도 길이나 무게를 나타내는 단위가 있듯이 에너지를 나타내는 단위가 있지 않을까?

🔥 맞아. 연우 네 말처럼 에너지의 양을 표현하는 단위가 있어.

🙂 으흠! 단위라면 내가 잘 알아. 길이를 나타내는 단위에는 센티미터(cm)나 미터(m)가 있지.

🙂 무게를 나타내는 단위에는 그램(g)이나 킬로그램(kg)이 있고.

🔥 역시 내 친구들이라 잘 알고 있구나.

😊 에너지의 단위는 뭐야?

🔥 에너지는 '줄(J)'이라는 단위를 써.

😊 뭐? 줄이라고? 줄넘기의 줄을 말하는 거야?

🔥 하하. 에너지의 단위인 줄은 열과 에너지를 연구한 영국의 물리학자 제임스 프레스콧 줄의 이름에서 따온 거야.

😊 에너지 1줄은 얼마만큼의 일을 할 수 있는 거야?

🔥 일과 에너지의 단위는 같아. 1줄의 에너지를 가진 물체는 1줄의 일을 하는 거지!

또 다른 나, 전기 에너지

참, 불 너는 어떻게 보일러실에 들어간 거야?

혹시 네가 모습을 바꿀 수 있다고 한 것과 관계 있는 거야?

하하. 이제 내가 모습을 바꾸는 이야기를 해 주어야겠군. 먼저 기계에 대해서 이야기해 볼까? 너희가 아는 기계에는 어떤 게 있어?

엘리베이터도 있고 선풍기도 있고…….

너희들이 방금 말한 기계에도 내가 있지.

뭐… 뭐라고? 엘리베이터와 선풍기에 네가 있다고?

🔥 엘리베이터와 선풍기의 공통점이 뭘까?

😊 공통점?

🧒 으흠! 우리가 지금까지 일과 에너지에 대해 이야기했으니… 혹시 모두 '일'을 한다는 거?

🔥 바로 그거야. 엘리베이터는 사람이나 물건을 높은 곳까지 끌어올리거나 낮은 곳으로 이동시켜. 그리고….

😊 앗! 잠깐. 선풍기는 날개를 회전시켜서 바람을 만들어 더운 날씨에 우리를 시원하게 해 주니까 선풍기도 일을 하는 거네. 맞지?

🔥 맞아. 이렇게 모든 기계는 인간에게 도움이 되는 일을 해.

🔥 너희 둘 다 나에 대해 많이 알아가고 있는 것 같아 기분이 좋아. 너희에게 나의 모든 걸 알려 줄게.

😊 나도 좋아!

🔥 선풍기와 엘리베이터는 모두 에너지를 사용해서 일을 하는 장치야. 특히 너희가 말한 두 종류의 기계는 전기 에너지를 사용하지.

😊 그럼 혹시 너도 전기 에너지와 관련이 있는 거야? 아까는 보일러실에서 물을 따뜻하게 만드는 일을 한다고 했잖아.

🔥 맞아. 난 전기 에너지로 내 모습을 바꿀 수 있어!

😊 '불 님'이 전기 에너지로 변신할 수 있다고?

🙂 불이 어떻게 전기가 된다는 거야?

🔥 너희들, 발전소라고 들어 봤어?

😀 당연히 알지. 전기 에너지를 만드는 곳이잖아.

🔥 맞아. 발전소에는 물을 이용하는 수력 발전소, 바람을 이용하는 풍력 발전소, 태양열을 이용하는 태양광 발전소, 땅의 열을 이용하는 지열 발전소, 원자력을 이용하는 원자력 발전소가 있어. 그리고 나 '불 님'이 사는 화력 발전소가 있지!

😀 화력 발전소가 불을 이용한 발전소구나?

🔥 딩동댕! 그리고 여기에서는 석탄이나 천연가스 등이 나를 만드는 재료가 되고 있어.

🙂 지난번에 내가 나뭇가지를 주워서 불을 지핀 적이 있는데, 그것과 같은 원리로 에너지를 만드는 거야?

🔥 같은 원리야. 석탄이나 천연가스는 나뭇가지보다 내게 더 강력한 힘을 주지.

😀 아직도 잘 이해가 안 돼! 불이 어떻게 전기가 된다는 거야?

🔥 발전소에는 많은 기계들이 있어. 그 기계들이 나와 같은 열에너지를 전기 에너지로 바꾸는 '일'을 해. 그렇게 해서 불이 전기로 바뀌는 거야.

수력 발전소

화력 발전소

풍력 발전소

지열 발전소

멋져!

열심히 전기를 만들어 볼까?

화륵!

47

🌱 그래서 전기를 이야기하기 전에 우리에게 일과 에너지에 대해 먼저 알려 주었구나?

🔥 그래. 우리나라에서 생산되는 전기 에너지의 총량을 10이라고 하면 6이 화력 발전소에서 만들어져. 그리고 나머지 발전소에서 4 정도의 전기 에너지가 만들어지지.

🌱 네 역할이 대단하네!

🔥 하하. 그렇게 생각해 주니 고마워. 내가 전기 에너지로 변하면, 너희는 방 안에서 따뜻하게 지낼 수 있고 따뜻한 물도 쓸 수 있지.

🌱 아침에 내가 따뜻한 물로 씻을 수 있었던 것도 네가 열심히 일한 덕분이군! 고마워, 친구.

🔥 하하! 뭐, 그 정도쯤이야.

🌱 앞으로는 TV를 볼 때도 네가 생각날 것 같아. 그리고 휴대 전화를 충전할 때도. 네가 열심히 일한 덕분에 내가 다양한 활동을 할 수 있는 거잖아.

🔥 그렇게까지 생각해 주니 내가 더 고마운걸!

🌱 그런데 아쉬운 점이 있어.

🔥 아쉬운 점?

🌱 요즘 들어 네 원래 모습을 보기 힘들어졌다는 거야. 난 매일 불멍을 하고 싶은데 말이야.

🔥 나도 그 점은 아쉬워. 그런데 내가 너희 눈에 안 보이는 건 너희 인간을 위해서야.

😮 우리를 위해서라고? 왜?

🔥 내가 처음에 이야기했듯이 나는 인간에게 큰 도움이 되면서도 동시에 위험한 존재야. 그래서 인간은 나를 되도록이면 보이지 않는 곳에 잘 가두어 놓고 이용하는 편이지.

😢 슬퍼. 네가 우리에게 얼마나 고맙고 사랑스러운 존재인데.

🔥 하하! 너희뿐만 아니라 많은 사람들이 내게 고마운 마음을 가지고 있어. 다만, 안전을 위해서 거리를 둘 필요가 있는 거지. 난 인간의 입장을 충분히 이해해.

😮 보이지 않아도 네가 늘 우리 곁에 있다는 걸 잘 알게 되었어.

🔥 앞으로도 연우 할머니 댁에 놀러 오면 언제든지 마당에서 내 원래 모습을 볼 수 있을 거야.

3

증기 기관의 탄생

내겐 에너지원이 필요해

🔥 내가 계속 말했는데!

😊 언제? 난 들은 적이 없는걸?

🔥 이 '불 님'이 좋아하는 나무가 나의 소중한 에너지원이야.

😊 너의 밥을 말하는 거야?

🔥 맞아, 내가 먹고 힘을 얻는 밥이 에너지원이지. 에너지원은 자연에서 얻을 수 있는 자원을 말해. 방금 너희가 내게 준 나무도 내가 옮겨붙으면서 뜨거운 열을 낼 수 있도록 해 주기 때문에 에너지원이라고 할 수 있지.

😊 자동차에게는 기름이 에너지원이고, 내게는 나무가 에너지원이구나!

🔥 오, 역시 가희는 하나를 알려 주면, 세 개를 아는군.

😊 열이면 열이지, 세 개는 뭐야? 칭찬이 클수록 에너지도 큰 거라고.

🔥 하하! 미안. 앞으로는 에너지를 듬뿍 담아 칭찬할게.

😊 쳇! 나도 다 아는 것을 너희끼리만 덕담으로 주고받는 거야?

🔥 하하! 연우 네겐 오늘 아침에도 뜨거운 샤워 물을 제공하고 네 휴대 전화 충전기에도 에너지를 듬뿍 주었잖아. 그리고 무엇보다 난 너에게 힘을 듬뿍 주는 비타민 같은 에너지원이 되고 싶어.

에너지원을 확보하라

🧒 그런데 무슨 문제라도 있었던 거야?

🍁 세상에 있는 모든 자원은 그 양이 무한하지 않다는 게 문제였어. 나무도 마찬가지였지.

🧒 나무가 부족해지기라도 한 거야?

🍁 맞아. 나 '불 님'의 도움으로 에너지를 얻게 된 인간은 불에 음식을 익혀 먹고, 겨울에 추위도 피하게 되면서 더욱 안전하고 오래 살게 되었어.

🧒 자연스럽게 인간의 수가 늘어나면서 나무도 더 필요해지게 되었겠네?

🍁 응. 인구가 늘어나면서 인간은 그들이 사는 곳에서 가까이에 있는 숲에 들어가 더 많은 나무를 베어내기 시작했어.

🧒 그러면서 숲에 있던 나무들이 많이 없어졌겠는걸?

🍁 맞아. 숲의 크기가 점점 줄어들면서 중요한 에너지원인 나무의 가격이 크게 오르기 시작했어.

🧒 상황이 더 안 좋아졌겠네? 그렇다면 불이 잘 붙는 다른 것을 찾아내면 되지 않았을까?

🍁 네 말대로, 나무의 가격이 오르면서 인간은 또 다른 에너지원을 찾기 시작했어.

🧒 그래서 어떻게 되었어? 또 다른 에너지원을 찾았어?

🍂 맞아. 지금 너희가 '석탄'이라고 부르는 것이지. 하하!

😊 난 또 대단한 걸 발견한 줄 알았잖아.

🍂 대단한 발견 맞거든? 석탄이 에너지원이라는 걸 발견하지 못했다면 인간은 결국 에너지원인 나무를 다 써 버리고 다시 날것을 먹는 생활을 했을 거야.

😊 생각만 해도 끔찍해.

🍂 인간은 석탄으로 나무를 대체하는 데 성공했고, 다시 나 '불 님'의 힘을 누릴 수 있게 되었어.

😊 정말 다행이야.

😀 석탄 덕분에 더 이상 나무를 베지 않아도 되었겠네. 그런데 석탄은 충분히 많았던 거야? 나무와는 다르게?

🔥 아니! 인간이 석탄을 에너지원으로 활용하기 시작하면서부터 더욱더 많은 사람들이 모여 살 수 있게 되었어. 그리고 사람들이 많아지면서 땅 위에서 쉽게 구할 수 있던 석탄도 서서히 그 모습을 감추기 시작했지.

😅 산 넘어 산이구나.

🔥 인간은 결국 땅속에 있는 석탄을 캐기 시작했고, 석탄 량이 부족해지자 점점 더 땅속 깊숙이 파고들어 갔어.

🔥 게다가 석탄을 더 많이 캘수록 더 많은 가축에게 일을 시켜야만 했어.

🌱 자연스럽게 석탄 가격도 올랐겠구나?

🔥 응. 결국 석탄값이 크게 오르기 시작했지. 한동안 에너지원 문제에서 자유롭게 되었다고 안심하던 인간에게 다시 한번 시련이 찾아온 거야.

🧒 나무에 석탄까지 얻었는데도 에너지원이 더 많이 필요했던 거네!

🔥 당시 빠른 속도로 인구가 늘어나면서 인간은 도시를 확장하게 되었고, 자연스레 에너지원 소비도 함께 큰 폭으로 늘어났지.

🌱 지금에 비하면 인구가 훨씬 적었을 텐데도 에너지원이 많이 필요했구나?

🔥 응. 당시 전 세계에서 가장 크게 도시를 키워 가던 영국에서는 땅속 지하수를 효과적으로 퍼 올릴 수 있는 해법을 제시하는 사람에게 큰 보상을 하겠다고 했을 정도였어.

👀 그래서 어떻게 되었어?

🔥 해법을 찾아낸 사람이 등장하기 전까지 인간은 점점 더 땅속 깊숙이 석탄을 캐야 했고, 지하수 문제는 심각해져만 갔지.

기계 장치의 발견

🔥 혹시 진공이 뭔지 알아?

😀 그 정도쯤이야 나도 알지. 공기가 없는 상태를 진공이라고 하잖아.

🔥 진공 상태가 만들어 내는 힘에 대한 이야기라 이해하기 조금 어려울 텐데….

😊 말해 봐. 이래 봬도 연우와 내 꿈이 과학자라고.

🔥 하하! 알았어. 지난번에 지하수 문제가 더 심각해졌다고 했었지? 그때 마침 토머스 뉴커먼이라는 영국의 기술자가 새로운 기계 장치를 만들었어.

😊 지하수를 퍼내는 장치?

🔥 어… 어떻게 알았어?

😊 내 꿈이 과학자라고 했잖아.

🔥 이제 마음 놓고 이야기해도 되겠네. 진공은 일정한 공간에 공기 등 물질이 전혀 없는 상태를 말해. 그런데 우주는 공기가 거의 없는 진공 상태이지만 인간이 사는 지구에는 공기가 가득 차 있지.

😀 덕분에 모든 생명체가 매일 숨을 쉬고 있잖아.

😊 혹시 지하수를 퍼 내는 장치와 진공 상태가 만들어 내는 힘이 관계가 있는 거야?

🔥 맞아. 그리고 여기에 한 가지 더 중요한 게 있어.

🔥 커다란 원통을 떠올려 봐. 한쪽에는 자동으로 닫히는 마개가 달렸어. 여기에 물을 끓여 만든 뜨거운 증기를 가득 채웠다가 곧바로 그 속에 차가운 물을 뿌리면 어떻게 될까?

😀 음…. 뜨거웠던 증기가 차가운 물을 맞으면…, 증기가 식으면서 물로 바뀌겠네.

🔥 맞아. 그리고 원통 안에 있는 물을 제외한 나머지 부분은 진공 상태가 돼. 이때 원통을 막고 있던 마개가 원통 바깥에서 공기의 누르는 힘, 즉 대기압을 받아 아래로 내려오게 돼. 이 마개를 피스톤이라고 부르는데, 피스톤이 왔다 갔다 하면서 물을 길어 올리는 거야.

😊 이게 토머스 뉴커먼이 만들었다는 기계 장치의 원리야?

🔥 응. 이 기계 장치로 지하수를 퍼 올릴 수 있게 되었지.

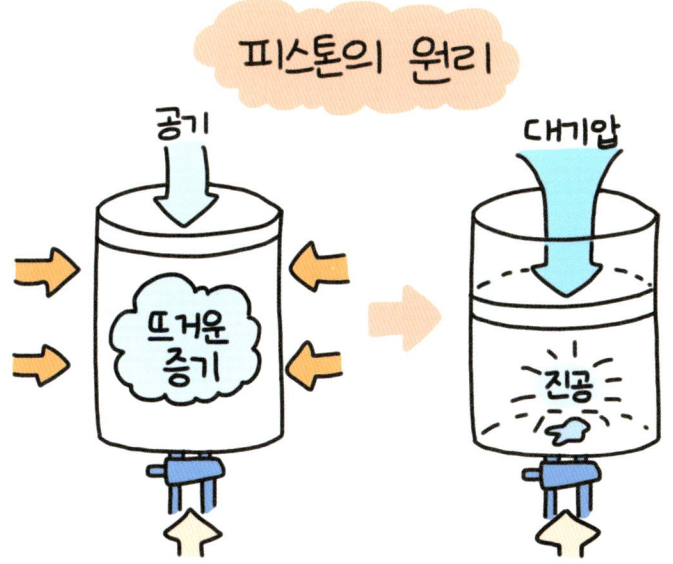

엄청난 발명품, 증기 기관

🙂 고작 원통 안에 있는 피스톤을 위아래로 움직이게 한 것과 땅속 지하수를 퍼 올리는 것이 무슨 관계가 있는 거야?

🔥 고작 피스톤이라니!

🌱 뭐가 더 있는 거야?

🔥 당시 토머스 뉴커먼이 선보인 이 기계 장치는 엄청난 발명품이었어. 그는 움직이는 피스톤에 쇠사슬을 걸고, 이것을 커다란 시소의 한쪽 끝에 묶었지. 그런 뒤 시소의 다른 쪽 끝을 지하수가 차 있는 땅굴과 연결했어. 이렇게 하여 피스톤이 위아래로 왕복 운동을 할 때마다 땅속에 있던 지하수가 끌려 올라오는 장치를 만든 거야.

🌱 어떻게 생겼는지 궁금해.

🔥 내가 그림으로 보여 줄게.

🙂 우와, 엄청 크네!

🔥 이 기계 장치를 증기 기관이라고 불러. 이 장치에서 방금 말한 피스톤의 원리에 등장하는 원통을 실린더라고 하고. 이 기계 장치로 너희 인간이 애를 쓰며 해결하려 했던 땅속에 차오르는 지하수 문제를 해결했지.

🧒 증기 기관은 물을 끓여 얻은 증기로 움직인다고 했지?

🔥 응. 증기 기관은 특히 땅속에서 끌어올린 물을 이용하기 때문에 다른 재료가 필요 없는 게 특징이야. 석탄을 태워 얻은 열로 물을 끓이고, 끓인 물에서 생긴 증기로 다시 석탄을 캐내고, 또다시 석탄을 태워 얻은 열로 물을 끓이고, 또다시 끓인 물에서 생긴 증기로……

🧒 아! 그만! 계속 이 과정이 반복된다는 말이잖아.

🔥 맞아. 그리고 놀라운 사실이 하나 더 있어.

🧒 놀라운 사실?

🔥 응. 이 기계 장치는 뜨거운 열에너지로 물체를 움직이는 힘을 끌어낸 첫 사례야.

🧒 움직이는 힘?

🔥 그전까지 인간은 불을 이용해서 음식을 익히거나 어둠을 밝히고 따뜻함을 얻었어. 하지만 불에서 물체를 움직이는 힘을 끌어내는 데는 성공하지 못했어.

🧒 그걸 증기 기관이 해낸 거구나!

🔥 그렇지.

🧒 이제 모든 게 해결된 거네. 정말 다행이다.

🧒 우리 이제 마음 편히 불멍이나 할까?

🧒 나는 숯불에 고기나 구워 먹어야겠다!

4

증기 기관, 혁명의 중심에 서다

속도를 높여 봐!

😀 혹시 토머스 뉴커먼이 개발한 증기 기관에 문제가 있었던 거야?

🔥 맞아. 토머스 뉴커먼이 만든 증기 기관 속 실린더는 피스톤 운동을 빨리 만들어 내지 못한다는 치명적인 단점이 있었어.

😀 그게 무슨 말이야? 빨리 만들어 내지 못한다니?

🔥 만약 끓인 물에서 나온 수증기를 실린더 속에 넣었을 때, 실린더의 벽이 차가운 상태라면 어떻게 될까?

😀 수증기가 금방 식어 물이 되겠지.

🔥 맞아. 그래서 실린더의 벽이 충분히 데워질 때까지 실린더 속으로 뜨거운 수증기를 계속해서 집어넣어 주어야만 했어.

😀 그게 큰 문제라도 되는 거야?

🔥 이 과정에서 시간과 열에너지가 지나치게 많이 필요했어. 하나만 더 생각해 볼까? 이번에는 실린더 속을 진공으로 만들기 위해 차가운 물을 부어 주었을 때, 벽이 뜨거운 상태라면 어떻게 될까?

😀 이번에는 이끼와는 반대로 수증기가 쉽게 물로 바뀌지 않을 것 같아. 시간이 꽤 걸릴 것 같은데?

🔥 맞아. 이게 뉴커먼이 만든 증기 기관의 큰 문제점이었어. 그림으로 보여 줄게.

뉴커먼 증기 기관의 문제점

뉴커먼의 증기 기관은 하나의 실린더에서 증기를 뜨겁게 만들기도 하고, 차갑게 만들기도 했어. 그래서 시간도 오래 걸리고, 열에너지도 많이 필요했지. 그건 뉴커먼 증기 기관의 큰 문제점이었어.

🗨️ 이해했어. 뉴커먼의 증기 기관은 실린더의 벽을 데우거나 식히느라 불필요한 열에너지가 지나치게 많이 들어갔구나. 시간도 오래 걸렸을 거고!

🔥 바로 그거야! 그래서 뉴커먼이 만든 증기 기관은 매우 느리게 움직였어. 필요 이상의 열에너지를 만들어 내야 했기 때문에 그만큼 석탄도 더 많이 필요했지.

🗨️ 얼마나 느렸던 거야?

🔥 1분에 약 12번 피스톤이 위아래로 움직였다고 해.

🗨️ 그럼 제임스 와트가 그 문제를 해결한 거야?

🔥 그렇지!

제임스 와트가 내놓은 해결책은?

🧒 제임스 와트가 어떻게 문제를 해결했을지 궁금해.

🔥 와트는 뜨거운 수증기가 모이는 실린더와 수증기가 식어 물로 바뀌는 공간을 따로 두었어.

🧒 우와! 굉장히 단순한 방법으로 해결했네!

🔥 맞아. 와트는 이 공간을 콘덴서라고 불렀어. 콘덴서는 실린더가 진공 상태가 되어야 할 때, 뜨거운 수증기를 받아들여 물로 재빠르게 바꿔 주는 역할을 했지.

🧒 불필요하게 실린더를 데우거나 식힐 필요가 없어졌구나.

🔥 수증기의 양을 일정하게 함으로써 증기 기관에 전달되는 열에너지의 양을 조절할 수 있게 되었어.

😊 결국 증기 기관이 하는 일을 일정하게 조절할 수 있게 된 거구나!

🔥 맞아. 제임스 와트가 새로 개발한 증기 기관을 세상에 내어놓으면서 토머스 뉴커먼의 증기 기관은 점차 역사 속으로 사라지게 되었어.

😊 그럼 이제 제임스 와트의 증기 기관만 남게 된 거야?

🔥 아니. 여러 사람이 제임스 와트의 증기 기관을 더욱 발전시켰고, 증기 기관의 쓰임새도 더욱 다양해졌어.

😊 증기 기관을 발전시킨 사람들이 그 이후로도 더 있었다고?

🔥 리처드 트레비식이라는 영국의 발명가는 뜨거운 수증기를 뭉쳐서 실린더에 쑤셔 넣는 방법을 찾아냈어. 진공의 힘이 아닌 수증기의 힘만으로 작동하는 증기 기관을 발명해낸 거야.

😊 수증기의 힘만으로 작동하면 어떤 장점이 있어?

🔥 실린더가 낼 수 있는 힘의 크기가 매우 크지. 덕분에 작은 실린더에서도 큰 힘을 내는 증기 기관을 만들 수 있게 되었어.

🧑 증기 기관은 발전했지만 토머스 뉴커먼을 생각하면 조금 안타까워. 증기 기관을 최초로 만든 사람은 토머스 뉴커먼인데, 자신이 개발한 장치가 없어지는 거잖아.

🔥 토머스 뉴커먼이 있었기에 이 모든 일이 가능하게 된 거야. 각자 그때그때 필요한 역할을 한 거지.

👧 누군가가 개발하면, 또 다른 누군가가 발전시키고…….

🔥 맞아. 제임스 와트가 그랬던 것처럼 물건을 분해하고 고치고 다시 조립해 보는 경험은 물건을 이해하는 아주 중요한 요소이기도 해.

👧 제임스 와트가 토머스 뉴커먼의 증기 기관을 수리하면서 문제의 해결책을 발견한 것처럼?

🔥 그렇지.

🔥 리처드 트레비식이라는 영국의 발명가가 수증기의 힘만으로 작동하는 증기 기관을 발명했다고 한 거 기억하지?

😮 당연하지. 이 기차가 수증기만으로 움직이는 거였어?

🔥 그래. 1801년에 트레비식이 시험 운전에 성공하고, 바로 다음해에 특허를 받았어. 지금 내가 보여 준 건 트레비식이 1804년에 만든 증기 기관차 페니다렌 호야. 트레비식이 만든 증기 기관차는 높은 압력의 증기가 빠져나갈 때 나오는 소리를 따라 '칙칙폭폭'으로 불렸어.

😄 하하! '칙칙폭폭'이라는 말이 그렇게 만들어지게 된 거구나!

🔥 처음에 만들어진 증기 기관은 석탄과 물만 주면 인간에게 필요한 운동 에너지를 잔뜩 만들어 냈어. 이어서 인간들은 이 장치를 다른 곳에서 사용할 방법을 찾기 시작했지.

🧒 그래서 만들어진 게 증기 기관차구나?

🔥 응. 인간들은 증기 기관을 더욱 발전시켜 실린더 속 피스톤 끝에 다른 관절을 붙여서 좌우로도 움직이고, 회전 운동까지 할 수 있게 했어. 이렇게 개발한 증기 기관을 여러 기계 장치에 붙여 활용하기 시작했는데, 대표적인 게 바로 증기 기관차야.

😀 오, 그렇구나.

참! 내가 깜박하고 말해 주지 않은 게 있어. 트레비식의 증기 기관차가 나오기 전에 증기 마차가 먼저 나왔어.

누가 만들었는데?

프랑스의 기술자 니콜라 조제프 퀴뇨야. 그는 1770년에 바퀴 세 개가 달린 증기 마차를 만들었는데, 한번에 15분밖에 달리지 못했다고 해. 요즘과 비교하면 15분 동안 달리는 마차가 별 거 아닐 수 있지만, 당시엔 정말 놀라운 성과였어. 다음해에 두 번째 증기 마차를 만들었는데, 어떻게 되었는지 알아?

한 시간 이상은 달릴 수 있게 되었어?

안타깝게도 운행 도중에 벽에 부딪혀 산산조각이 나고 말았어.

저런. 안타까워!

이 사고는 세계 최초의 자동차 사고로 평가되기도 하지.

증기 기관을 이용한 다른 기차들도 있었어?

응. 1840년대에는 세계 여러 나라에서 철도 붐이 일어났어. 맨체스터와 리버풀 철도를 달리는 로켓 호도 이때 탄생한 거야.

🔥 트레비식의 증기 기관차가 인간이 실생활에서 교통수단으로 활용한 기차의 첫 모델이라고 할 수 있어. 트레비식 증기 기관차 이후에 많은 기차들이 탄생했지.

😊 증기 기관차 덕에 무거운 것을 다른 곳으로 쉽게 나를 수 있게 되었네. 이동도 편리해졌고.

🔥 기차뿐만 아니라 배에도 증기 기관이 장착되었어. 그래서 바람이 불지 않거나 사람이 노를 젓지 않아도 배가 앞으로 나아갈 수 있게 되었지.

혁명의 지도자, 불

🔥 산업 혁명으로 농업 사회에서 공업 사회로의 변화가 이루어졌지.

😀 예를 들면 어떤 변화가 있었던 거야?

🔥 예전에는 손으로 직접 실을 뽑아서 천을 짰어. 그런데 증기 기관이 나타나면서 방직 공장에서 증기 기관을 활용해 대량으로 천을 생산할 수 있게 되었어.

😀 강력한 증기의 힘이 공장에서도 발휘되었구나?

🔥 그래. 그 뒤 다양한 산업에서 증기 기관을 이용한 기계를 사용하기 시작했어. 특히 나 '불 님'의 어마어마한 힘이 철 제조 기술에도 사용되면서 철 제련 기술도 함께 발전했지.

🧒 게다가 기차와 배도 발달했으니 제임스 와트의 증기 기관 기술이 여러 곳으로 멀리 퍼져나갔겠네!

🔥 증기 기관이 교통 수단에도 활용되면서 교통 혁명이 일어났지.

🧒 농사도 기계로 하니, 수확물도 많이 늘었겠구나?

🔥 응. 1800년대 중반에 증기 기관을 장착한 농기계가 발명되면서 농업에서도 생산력이 크게 늘었고, 황무지를 개간할 수 있게 되면서 농지도 확대되었어.

🧒 인간의 수고는 덜고, 생산력은 늘고. 일석이조, 이석삼조네! 하하!

🔥 오, 너 꽤 고급 어휘를 쓰는데!

🧒 내 어휘는 원래 혁명에 가까울 정도로 고급스럽다고!

🔥 하하! 증기 기관에서 시작된 산업 혁명으로 다양한 산업 분야의 발전이 꼬리에 꼬리를 물고 이어졌지.

🧒 이젠 네가 단순한 불로 보이지 않는데?

🔥 갑자기 무슨 말이야?

🧒 위대한 혁명의 지도자라고 할까?

🧒 이제부터 널 혁명의 지도자라고 부를게.

🔥 나를 알아봐주니 고마운데, 혁명의 지도자라는 명칭보다는 따뜻한 친구로 불러줘!

5

부릉부릉, 엔진의 등장

부릉부릉, 자동차 엔진

🔥 증기 기관과 자동차 엔진의 가장 큰 차이는 내가 있는 위치가 다르다는 거야.

😊 그… 그게 무슨 말이야?

🔥 증기 기관의 경우, 석탄이 공기와 만나서 내가 생기는 곳은 실린더 바깥이었어. 실린더 속에는 뜨거운 증기만 있으면 되었으니까. 시간이 흐른 뒤, 사람들은 물 사이를 왔다 갔다 하는데에 많은 열에너지를 필요로 하는 증기보다는 뜨거운 기체를 쓰는 편이 낫다고 생각했어. 그때부터 사람들은 어떤 방법을 써서든 실린더 속에 나를 붙잡아 두려고 했지. 내가 실린더 속에 생기면 실린더 속에 있던 기체가 바로 뜨거워질 테니까 말이야.

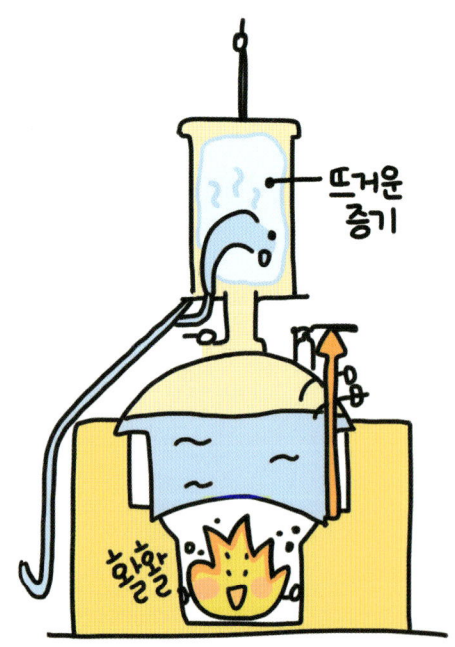

- 결국 인간이 그 해결 방법을 찾아냈어?
- 물론이야. 그렇게 해서 탄생한 것이 바로 자동차 엔진 같은 내연 기관이야.
- 우와! 증기 기관에서 내연 기관으로까지 발전한 거네!
- 파티할까? 우리 친구 '불 님'의 발전을 축하하며!

더 세게, 더 힘차게!

🌱 아까 주유소에서 넣어 준 휘발유?

🔥 맞아. 자동차 엔진에 들어가는 연료로는 주로 석유의 한 종류인 휘발유가 많이 쓰여.

🌱 왜 석탄은 안 되는 거야?

🔥 엔진에 석탄을 쓰지 못하는 이유가 있어.

🌱 이유? 무슨 이유?

🔥 바로 석탄의 큰 체격 때문이지.

🌱 석탄을 아주 작게 부수면 되잖아?

🔥 네 말대로 어떤 발명가는 증기 기관에 석탄을 넣기 위해 석탄을 아주 고운 가루로 만들기도 했어. 하지만 석탄이 온힘을 다해 불살라지고 나면 석탄의 재가 남지.

🌱 아하! 증기 기관의 실린더 속에서는 재를 처리하지 못했던 거구나.

🔥 맞아. 그래서 난 실린더의 바깥에 있을 수밖에 없었던 거야.

🌱 휘발유를 연료로 쓰면서 넌 또 발전하게 되었네.

🔥 증기 기관에서 내연 기관으로 발전하면서 열에너지의 효율도 엄청나게 좋아졌어.

🌱 내연 기관이 어떻게 생겼는지 궁금해.

🔥 내연 기관인 자동차 엔진이 움직이는 원리를 보여 줄게.

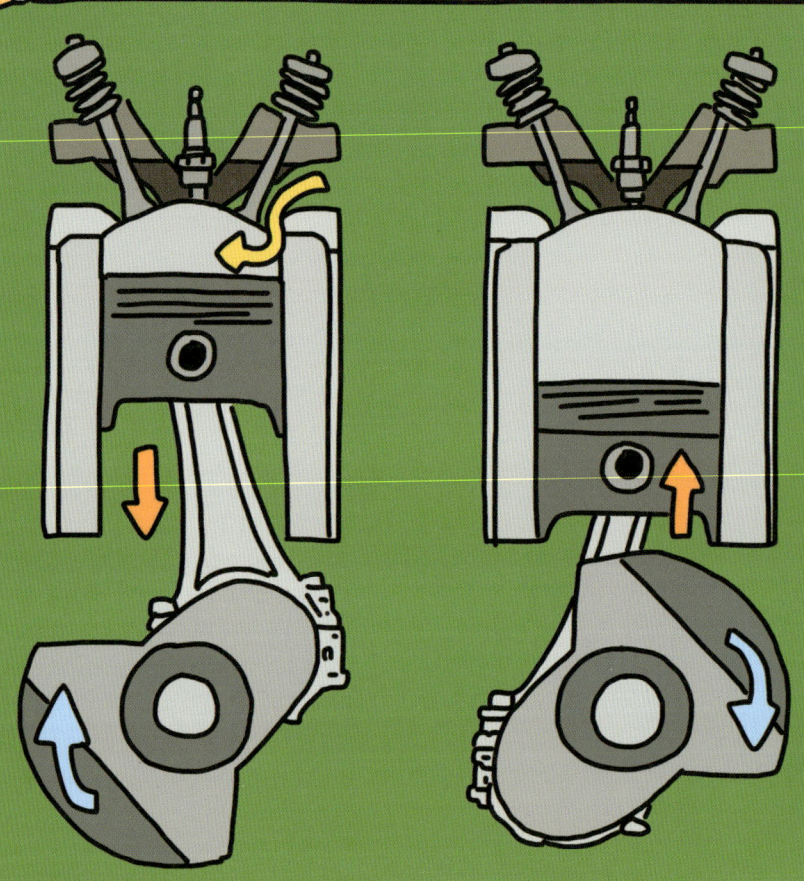

정말 멋져!

3. 폭발 과정

이때, 점화기에 불꽃이 생기면 연료와 공기의 혼합 가스가 연소 반응을 일으키며 뜨겁게 가열되고, 팽창하면서 피스톤을 아래로 밀어 내게 되지.

4. 배기 과정

피스톤이 다시 위로 올라가고 동시에 배기 밸브가 열리면서 연소된 가스는 실린더 밖으로 배출돼.

🙂 엔진은 누가 만들었어?

🔥 엔진은 1860년에 프랑스의 에티엔 르누아르라는 기술자가 만들었어. 실린더 양쪽으로 번갈아 들어가는 연료와 공기가 스파크를 만나 불꽃을 만드는 원리로 움직였지.

🙂 그렇게 해서 실린더 안쪽에서 뜨거운 기체가 만들어지는 거구나?

🔥 맞아.

🙂 방금 보여 준 자동차의 가솔린 엔진도 에티엔 르누아르가 만든 거야?

🔥 아니. 요즘 도로에서 볼 수 있는 자동차들은 '니콜라우스 오토'와 '루돌프 디젤'의 엔진 모양을 따라 쓰고 있어. 둘 다 훌륭한 독일의 발명가가 만든 거야.

🙂 오토와 디젤이 만든 엔진이 더 뛰어났나 보구나?

🔥 맞아. 1876년 니콜라우스 오토는 에티엔 르누아르와 마찬가지로 실린더 속에서 불꽃을 통해 연료에 불이 붙게 했어. 그런데 여기에 하나의 과정을 더 넣었지.

🙂 어떤 과정인데?

🔥 아까 보여 준 압축 과정이야. 실린더 속 공기와 연료가 불타기 전에 피스톤의 움직임으로 한번 압축되게 했지. 그렇게 하면 온도가 더 올라가거든.

하늘을 날아 보자고

🧒 참, 궁금한 게 있어. 지난번에 보니까 우리 삼촌은 삼촌 차에 달린 엔진이 디젤 엔진이라고 하던데?

🔥 디젤 엔진도 가솔린 엔진과 비슷한 원리야. 1892년에 루돌프 디젤이 만들었어.

🧒 디젤 엔진은 가솔린 엔진과 뭐가 다른 거야?

🔥 공기를 더 압축시키고, 여기에 연료를 작은 액체 알갱이 형태로 뿌려 주어 불꽃 없이도 불이 붙을 수 있게 했어.

🧒 요즘 자동차에 주로 쓰이는 엔진이 가솔린 엔진과 디젤 엔진인 거지?

🔥 그렇지! 자동차뿐만 아니라 배나 소형 비행기에도 이 엔진들이 쓰이고 있어.

🧒 나는 소형 비행기는 프로펠러의 힘으로 날아가는 줄 알았는데…….

🔥 프로펠러를 돌리는 힘이 바로 엔진에서 나오는 거야.

🧒 아하! 잠깐, 그렇다면 큰 비행기에는 다른 엔진이 쓰이는 거야?

🔥 오! 너 곧 엔진 박사가 되겠는걸? 비행기를 움직이는 힘은 가스 터빈이라는 엔진에서 나와!

🧒 가스 터빈? 가스는 기체를 말하는 것 같은데……?

🔥 맞아. 열에너지를 잔뜩 머금은 뜨거운 기체를 말해.

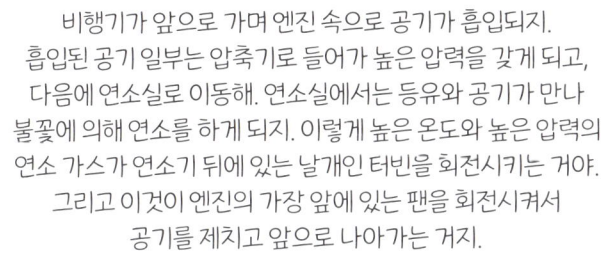

비행기가 앞으로 가며 엔진 속으로 공기가 흡입되지. 흡입된 공기 일부는 압축기로 들어가 높은 압력을 갖게 되고, 다음에 연소실로 이동해. 연소실에서는 등유와 공기가 만나 불꽃에 의해 연소를 하게 되지. 이렇게 높은 온도와 높은 압력의 연소 가스가 연소기 뒤에 있는 날개인 터빈을 회전시키는 거야. 그리고 이것이 엔진의 가장 앞에 있는 팬을 회전시켜서 공기를 제치고 앞으로 나아가는 거지.

배기구

압축기

이게 비행기의 엔진이구나! 신기해!

🤔 가스 터빈 엔진은 가솔린 엔진, 디젤 엔진과 뭐가 다른 거야?

🍁 가솔린 엔진과 디젤 엔진은 뜨거워진 가스로 피스톤을 밀어내. 그런데 가스 터빈 엔진은 피스톤이 아닌 터빈을 회전시키는 데 쓰여.

🤔 아휴! 어려워. 터빈은 또 뭐야?

🍁 하하! 궁금하거나 모르는 것이 있으면 언제든 물어봐도 돼. 나는 네가 백 번 물어봐도 친절히 답해 줄 준비가 되어 있다고.

🤔 혹시 터빈이 비행기에서 회전하는 날개야?

🍁 비슷해. 터빈은 밖에서 받는 힘에 의해 회전하는 날개들의 묶음을 말해. 연우야, 너의 어휘력은 정말 굉장해.

🤔 뭐, 이 정도 가지고! 내가 자동차와 비행기 장난감을 갖고 논 지도 어언 십 년이 넘었다고.

🍁 하하, 십 년이면 박사 맞네. 앞으로 박사라고 불러야겠어.

🤔 이거 분위기가 좀 이상한데? 꼭 나를 놀리는 것 같은 느낌적 느낌이랄까!

🤔 그럴리가! 하하하!

🍁 절대, 절대 놀리는 거 아냐! 하하하!

우주로, 우주로!

🔥 먼저 로켓 모양을 생각해 봐. 로켓은 한쪽이 열려 있는데, 여기에서 연료를 태워.

😃 로켓을 쏘아 올리면, 로켓 아래에서 연기가 피어오르는 것도 그 때문이야?

🔥 하하! 연기라고? 그건 연기가 아니라 뜨거운 가스가 아랫부분으로 뿜어져 나오는 거야. 그 힘에 대한 반대 작용으로 로켓이 위로 날아올라가는 거고.

😃 신기해. 뜨거운 가스가 많이 뿜어져 나올수록 로켓이 날아오르는 힘도 더 커지겠네?

🔥 맞아. 로켓 엔진은 지금까지 우리가 알던 엔진과는 다른 점이 있어. 뭐가 다른지 맞춰 볼래?

😊 좋아!

🔥 힌트! 지금까지 내가 말한 엔진들은 모두 연료와 공기가 만나 열에너지를 얻었어.

😃 정답! 혹시 로켓 엔진은 공기가 없어도 열에너지를 얻을 수 있는 거야?

🔥 딩동댕! 정답이야. 우주와 같이 공기가 없는 진공 상태의 공간에서도 작동되는 엔진이 바로 로켓 엔진이야.

😊 아, 아쉽다. 내가 맞출 수 있었는데.

😃 하하하.

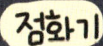

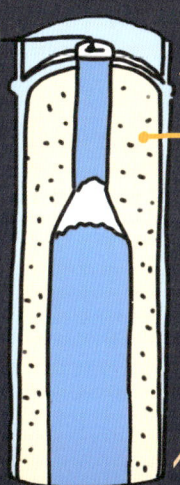
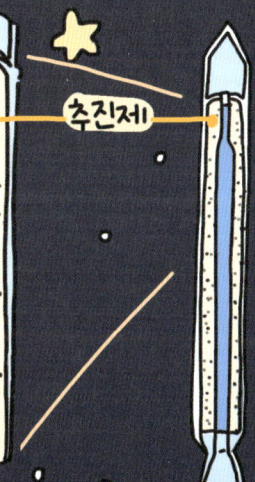

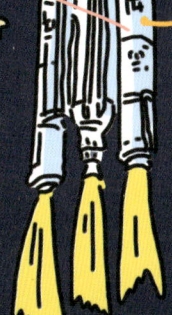

🔥 로켓 엔진에는 고체 연료나 액체 연료를 주로 사용해. 그런데 고체 연료는 큰 힘을 내지만 한번 타오르기 시작하면 끌 수 없다는 단점이 있어. 그래서 고체 연료를 넣은 로켓은 다 탈 때까지 계속 비행해야 하지.

👦 액체 연료를 쓰면 끌 수 있는 거야?

🔥 맞아. 이제 너도 하나를 알려 주면 둘을 아네.

👦 쳇, 지난번에 가희에게는 하나를 알려 주면 세 개를 안다고 하더니, 왜 나는 두 개야?

🔥 아… 내가 그랬었나? 하하, 넌 그럼 네 개. 어때?

👦 이미 늦은 건 늦은 거야.

🔥 그래도 넌 내 첫 인간 친구라고! 알지, 내 마음?

👦 첫 인간 친구! 그럼 알지, 알고 말고. 하하!

👧 이제 로켓 엔진도 알았으니 엄마께 제주도 여행을 가자고 해 봐.

👦 하하! 다음 주에 제주도 여행을 가자고 하시네. 모두 같이 가는 거지?

👧 당연히 가야지.

🔥 나와 내 친구 엔진이 없었다면 너희들이 비행기를 타고 여행 가는 건 꿈도 꾸지 못했을 거야. 우주는 더더욱!

👧 다 네 덕분이야, 불!

6

외르스테드, 에디슨, 그리고 패러데이

전기가 만들어지는 곳

😀 지난번에 '불 님'이 가스 터빈은 비행기에 쓰인다고 했는데…….

😀 맞아. 그런데 왜 발전소 안에 있는 거지?

🔥 가스 터빈이 왜 이곳에 있냐고?

😀 혹시 가스 터빈이 전기를 만들어 내는 데도 어떤 역할을 하는 거야?

🔥 맞아.

😀 사실 지난번에 너 '불 님'이 전기 에너지로도 모습을 바꾼다는 게 잘 이해되지는 않았어.

😀 나도 그래. 불덩이가 대체 어떻게 전기가 된다는 거야?

🔥 이건 정말 좀 어려운데…. 혹시 전자기 유도에 대해 들어 봤어? 전자기는 '전기'와 '자기'를 합친 말이야.

😀 음… 전기는 들어 봤고, 자기는 자석과 관련 있는 것 같은데…?

🔥 우와! 그 정도면 내가 이제부터 할 이야기도 충분히 이해하겠는걸!

😀 우리가 과학을 좀 알지. 하하!

😀 전기를 만들어 내는 것과 전자기 유도가 관계 있구나?

🔥 하하! 벌써 눈치챘어? 쉽게 설명해 줄게!

🍂 전기는 매우 빨라서 1초에 30만 킬로미터를 갈 수 있어. 이건 1초에 지구를 무려 7바퀴 반이나 도는 속도야.

😮 우와! 대단하다. 난 1초에 1미터밖에 못 가는데.

😮 그래서 전기는 우리 집에도 오고, 연우네 집에도 동시에 갈 수 있는 거구나.

🍂 전기는 전기가 흐르는 도선만 있으면 어디든지 순식간에 갈 수 있어.

😮 오! 멋져.

😮 그럼 자기는 뭐야?

🍂 자기는 자석과 관계된 거야. 자석은 쇠와 같은 금속을 끌어당기기도 하고, 또 N극과 S극이 있어서 같은 극끼리 서로 밀어내기도 하지. 이렇게 자석이 갖는 성질을 '자기'라고 불러.

😮 이제 전기와 자기는 알겠는데…, 아까 물어본 전자기 유도는 뭐야?

😮 혹시 전기 에너지랑 관계가 있는 거야?

🍂 맞아. 서로 별로 관계가 없어 보였던 전기와 자기가 전기 에너지로 연결되었지!

😮 오! 궁금해.

🍂 너희 인간들이 발견한 어마어마한 이야기를 들려줄게.

나침반이 회전을 하는 이유

🍁 1820년 덴마크 코펜하겐 대학교의 외르스테드 교수가 실험을 하다가 전기가 흐르는 도선 근처에 우연히 나침반을 두었어. 그런데 나침반의 N극 바늘이 평소와는 달리 북쪽을 가리키지 않고 회전을 한 거야.

😊 나침반은 항상 북쪽을 가리키는 것 아니었어? 누가 손으로 돌린 것도 아닌데 어떻게 회전한 거야?

🍁 그러니까 화제가 된 거지. 외르스테드도 이 현상이 신기했어. 그래서 여러 가지 실험을 해 봤어.

😀 결국 이유를 알아냈어?

🍁 물론이지. 전기가 흐르는 도선이 있으면 쇠붙이를 끌어당기거나 남쪽과 북쪽을 가리키는 등 자석이 갖는 성질인 자기가 생성되는 것을 발견했어. 전기 도선 주변에 생긴 자기가 나침반에 있는 바늘의 움직임에 영향을 준 거야.

😀 나침반 바늘도 작은 자석이니 영향을 받는 거구나! 지난번에 아빠가 생일 선물로 나침반을 주면서 알려 주셨거든.

😊 그럼 전기가 자기를 만들어 내기 때문에 전자기 유도라고 하는 거야?

🍁 음… 반은 맞고 반은 틀려.

😀 반반치킨도 아니고, 그게 무슨 말이야?

😊 또 뭐가 있는 거야?

🍁 당시에 영국의 과학자 패러데이도 외르스테드의 실험 소식을 들었지. 그리고 자석으로 전기를 만들 수 있겠다는 생각을 했어.

😀 역시 과학자는 호기심이 엄청나군. 나 같으면 궁금하지도 않았을 것 같은데. 하하!

🍁 패러데이는 겉면에 전기 도선을 둘둘 감은 빈 통에 자석을 넣었다 뺐다 반복했어. 이 실험으로 전기 도선에 전기가 흐른다는 것을 발견했지.

🌱 그냥 전기 도선 근처에서 자석을 움직이기만 했는데도 전기 에너지가 생긴 거네? 굉장해!

🍁 이것을 전자기 유도 현상이라고 해.

🌱 그런데 전기와 자기가 서로 영향을 주는 거랑 네가 가스 터빈 엔진과 여기 있는 게 대체 무슨 상관이야?

🍁 하하. 아까 네 말대로 전기는 그냥 '전기'라고 부르기도 하지만 '전기 에너지'라고도 불러. 그렇다면 '전자기 유도 현상'으로 만들어진 '전기 에너지'는 어디에서 왔을까?

😀 음… 너무 어려워.

🌱 저번에 네가 말한 엔진은 네가 물을 끓여 만든 뜨거운 수증기로 피스톤을 움직여서 에너지를 만든다고 했잖아. 그러니까…….

🔥 그렇지! 더 자세히 이야기하면 바로 내가 만들어 낸 열에너지를 이용해 뜨거워진 연소 가스로 터빈을 돌려 운동 에너지를 만들어 내는 거야. 그리고 그 운동 에너지로 전기 도선 근처에 놓인 자석을 계속 움직이게 해서 전기 에너지가 만들어지는 거지.

😀 불, 넌 정말 필요하지 않은 곳이 없구나.

🔥 훗! 이제야 내가 얼마나 중요한지 인정해 주는 거야?

😀 하하! 그래, 인정!

전기 에너지를 팔아 볼까?

🧒 전자기 유도 현상이 발견되기 전에도 인간은 전기를 만들었잖아. 그런데 왜 전자기 유도 현상이 특별한 거야?

🔥 좋은 질문이야. 네 말처럼 전자기 유도 현상이 발견되기 이전에도 인간은 전기를 만들어 낼 수 있었어. 그런데 전자기 유도 현상을 발견하기 전까지는 인간이 많은 양의 전기를 만드는 데 한계가 있었어.

🧒 지금처럼 전기도 마음대로 쓸 수 없었겠네?

🧒 전자기 유도 현상을 어떻게 이용하면 전기를 많이 만들어 낼 수 있는 거야?

🔥 전자기 유도 현상을 발견하게 되면서, 전류를 만들어 내기 위해서는 도선 주위에 자석을 움직이기만 하면 된다는 것을 알게 되었어. 인간은 전류를 더 많이 만들어 내기 위해 커다란 코일 뭉치를 만들고, 강한 자석을 빠른 속도로 회전시켰지.

🧒 그렇게 해서 전기를 더 많이 만들어 냈구나?

🔥 그렇지. 바로 너희가 지금 견학하고 있는 이 발전소도 전자기 유도 현상을 적용한 거야.

과학을 하는 마음

🔥 패러데이는 뛰어난 인품으로도 존경받았어.

😊 역시 내가 사람 보는 눈이 있어. 그렇지?

😀 쳇. 오늘 처음 패러데이에 대해 들었으면서!

🔥 하하! 너희 둘 다 보는 눈이 뛰어나! 이미 나의 위대함을 알아봤잖아.

😀 자신감이 넘치는군. 뭐든지 과하면 안 좋다던데…. 빨리 패러데이에 대해 알려 줘.

🔥 하하! 알았어. 패러데이는 자신이 설계한 많은 전기 장치를 이용해서 돈을 벌 수 있었는데, 특허권을 행사하지는 않았어.

😊 특허권이 있으면 지금처럼 모든 사람이 전기를 쓰게 되었을 때 엄청난 돈을 벌 수 있었을 텐데도?

🔥 응. 그뿐 아니야. 전쟁을 위한 무기 개발도 거부하고, 영국 왕실이 주는 기사 작위도 거절했지.

😀 전자기 유도 현상을 발견한 것보다 이게 더 멋져.

🔥 패러데이는 과학을 사랑하고 인류를 사랑하는 평범한 사람으로 남는 것이 자신의 바람이라고 했어.

🔥 내가 이것까지 말하면 너희 둘 다 패러데이를 더욱 존경하게 될 거야.

😊 뭐가 또 있어?

🔥 패러데이는 대장장이의 아들로 태어나 정규 교육을 받아 본 적이 없는 사람이야.

🌱 우와! 그럼 과학 공부는 어떻게 한 거야?

🔥 어릴 때부터 신문 배달을 했는데, 열세 살에 제본소에서 일하게 되면서 엄청난 양의 책을 읽었다고 해. 그리고 스무 살 때 당대 최고의 화학자였던 험프리 데이비의 강연을 듣고, 그의 조수가 되면서 과학적 업적을 쌓기 시작했지.

😊 열심히 일한 패러데이에게 행운이 날아온 거네!

🔥 그는 자신처럼 배우지 못해서 꿈을 꾸지 못하는 어린이들을 위해 과학 강연을 하게 해달라고 왕실에 청원하기도 했어.

😊 와, 역시 나의 롤 모델이야. 멋져!

🔥 패러데이는 매년 크리스마스 때마다 어린이들을 모아 놓고 강연을 했어. 강연 내용은 후에 『양초의 과학』이라는 책으로 출간되었지.

🌱 오늘부터 나도 패러데이의 팬 할 거야!

나의 롤 모델, 패러데이

7

에너지의 미래

뜨거워지는 지구

🙂 뭔가 있는 것 같은데? 말해 줘. 뭐야?

🔥 너희들, 혹시 기후 위기에 대해 들어 본 적 있어?

😊 응, 들어 봤어. 학교에서 배웠는데, 기후 위기가 너와 관계가 있다고 하던데, 맞아?

🙂 불이 기후 위기와 관계가 있다고? 불, 너 뭐 잘못한 거라도 있는 거야?

🔥 그… 그게 말이지…. 기후 위기는 내가 요즘 가장 걱정하는 문제이기도 해.

🙂 기후 위기를 네가 왜 걱정해?

🔥 인간이 나를 이용해 엄청난 양의 에너지를 얻는다는 건 알고 있지?

🙂 당연하지. 그래서 우리가 네게 늘 고마워하고 있잖아.

😊 심지어 너를 존경하기까지 하는걸.

🔥 그러면 너희가 에너지를 쓸 때마다 내가 이산화 탄소를 내뿜는다는 것도 알고 있어?

😊 우리가 에너지를 쓰고 나면 연기가 나거나 공기가 탁해지는 것 같던데. 혹시 그거랑 관련 있는 거야?

🔥 맞아. 그게 바로 내가 내뿜는 이산화 탄소 때문이야.

🙂 이산화 탄소 때문에 공기가 오염된다는 이야기는 들었어.

🗣️ 네가 타오르면 이산화 탄소가 생겨나는 거야?

🔥 응. 내가 타오르면서 이산화 탄소를 내뿜는 데에는 내 먹잇감, 즉 연료 때문이야. 증기 기관에 주로 사용하는 연료가 무엇이었는지 기억나?

🗣️ 물론이지. 석탄이잖아.

🔥 그래, 석탄이야. 석탄과 석유, 천연가스 등의 연료를 통틀어서 화석 연료라고 불러. 화석 연료는 지구상에 살았던 생명체들이 죽은 뒤 땅에 묻히고 나서 오랜 시간이 지나 만들어진 것을 말해.

🧒 생명체들이 죽으면 화석 연료가 되는 거야?

🔥 응. 화석 연료의 주요 성분은 탄소야. 탄소는 공기 중에 있는 산소와 만나서 나를 만들어 내. 그러면서 자연스럽게 이산화 탄소를 내뿜지.

🧒 이산화 탄소가 공기 중에 많아지면 지구에서 생기는 열이 지구 밖으로 빠져나가지 못하도록 잡아두어 지구가 점점 뜨거워진다고 하던데…….

🔥 그걸 온실 효과라고 해. 안타깝게도 나는 인간에게 도움을 주면서 동시에 지구에 해를 끼치는 존재가 되었어.

온실 효과는 지구의 온도를 따뜻하게 유지해 주는 현상이야. 그런데 현재 공기 중에 이산화 탄소가 너무 많이 늘어나 지구 온난화 문제가 생긴 거야.

투발루의 이야기

😀 지구가 조금 뜨거워진다고 큰일 나는 것도 아닐 텐데. 인간이 지나치게 큰 걱정을 하는 건 아닐까?

🔥 아니, 그렇지 않아. 이건 정말 큰일이라고. 지구에 이미 많은 영향을 미치고 있어.

😀 정말? 난 한번도 느낀 적이 없는데?

🔥 북극의 빙하가 녹아서 북극곰이 살 곳이 점점 없어진다는 소식은 들어 본 적 있지?

😀 TV에서 봤어. 그게 지구가 뜨거워졌기 때문이야?

🔥 그뿐만이 아니야. 지구 곳곳에서 산불이 더 자주 발생하는 것도, 해수면이 상승하는 것도 다 지구가 뜨거워지는 현상, 즉 지구 온난화에 따른 기후 위기 때문이야.

🧒 멸종 위기에 처한 동식물도 많아지고 있다고 하던데?

🔥 맞아. 예를 들면, 바다의 온도가 올라가면서 산호와 해초가 점차 사라지고 있어. 그리고 산호와 해초를 먹이로 삼는 대모거북도 사라지고 있지.

🧒 아직 인간에게까지는 영향이 많이 없는 거지?

🔥 영향은 이미 매우 많이 받고 있어. 해마다 산불과 홍수 등의 자연재해가 늘어나고 있고, 동식물의 생태계가 파괴되면 그 영향을 고스란히 인간이 받게 되는 거니까.

🙂 기후 위기가 계속되면 국토 전체가 결국 바다에 잠기는 나라도 있다고 들었어.

😮 세상에나!

🔥 맞아. 남태평양 한가운데에 있는 아름다운 나라 투발루의 이야기야. 지구 온난화 때문에 투발루의 국민이 마실 물이 점점 없어져 가고 있다고 해. 그리고 식물이 더는 자랄 수 없는 땅이 되어 가고 있지. 정말 슬픈 일이야.

🙂 북극곰과 펭귄, 거북이 등의 동물이 살 곳을 잃는 것도 슬픈데, 나라 전체가 바다에 잠길 수 있다니…….

물, 바람, 태양열

🔥 애들아, 걱정 마. 나를 사용하지 않고도 전기 에너지를 만드는 방법은 이미 많다고. 물이나 바람, 태양열을 이용하는 거야. 이런 에너지들을 신재생 에너지라고 해.

😀 신재생? 새롭게 다시 쓴다는 거야?

🔥 맞아. 다시 쓸 수 있는 에너지를 말해. 지속 가능한 에너지지.

😀 이렇게 해롭지 않은 에너지를 만드는 방법이 있는데, 왜 인간은 아직까지 환경에 좋지 않은 화석 연료를 태워 에너지를 얻는 거야?

🔥 결국 돈의 문제라고나 할까?

😀 돈이라고?

🔥 그동안 인간이 나를 이용해 에너지를 만들어 왔다 보니 하던 대로 해야 돈이 적게 들어가기 때문이야.

😀 신재생 에너지를 만드는 새로운 기계 장치를 짓는 데 비용이 많이 들어서 그런 거구나?

🔥 맞아. 게다가 수력이나 풍력, 태양열을 사용하는 방식은 에너지를 안정적으로 만들어 내는 데에도 한계가 있어.

😀 그럼 인간은 앞으로도 너를 계속 사용하겠네?

😀 에너지는 필요하고, 환경은 지키고 싶고. 어쩌지?

🔥 그래도 방법은 있다고!

꿈의 에너지

🙂 또 어떤 문제가 있는 거야?

🔥 수소는 매우 가벼운 기체여서 공기 중에 많이 있지 않아. 그래서 수소를 만들어 내기 위한 다양한 방법을 찾아내려고 과학자들이 노력 중이지.

🙂 수소 에너지 말고 또 다른 방법은 없는 거야?

🔥 또 다른 방법은 바로 핵융합 에너지야.

🙂 핵융… 뭐라고?

🔥 핵.융.합.에.너.지.

🙂 처음 들어 보는 말인데?

🔥 핵융합은 저 멀리 태양에서 벌어지는 현상이야. 태양도 어떻게 보면 나처럼 하나의 거대한 불덩이라고 할 수 있어. 핵융합은 나와는 비교도 안 될 정도로 높은 온도에서 생기는 현상이지. 내가 만들어 내는 것과는 차원이 다를 정도로 큰 에너지를 만들어 내.

🙂 어떻게 에너지를 만드는 거야?

🔥 석탄이나 석유, 천연가스 등 불에 탈 수 있는 재료들은 공기 중의 산소와 결합하면서 많은 열과 빛을 내면서 타는데, 이것을 연소 또는 연소 반응이라고 해. 이때 열과 함께 이산화 탄소가 생겨나는 거지. 핵융합도 물질이 서로 반응하여 새로운 물질이 생겨나면서 엄청난 열과 빛을 내는 거야.

🤔 핵융합 에너지는 어떻게 만들어지는 거야?

🔥 태양, 특히 태양 표면에는 수소가 많아. 그러다 보니 수소끼리 서로 부딪혀 하나가 되면서 헬륨이라는 완전히 다른 물질로 변신을 해. 이 과정에서 엄청나게 강한 빛과 열이 발생하는데 나와는 비교가 안 되지.

🤔 나도 수소처럼 멋지게 변신하고 싶어. 아주 강하면서도 똑똑한 존재로 말이야. 하하!

😊 나도! 수소는 도대체 어느 정도의 에너지를 만들어 내는 거야?

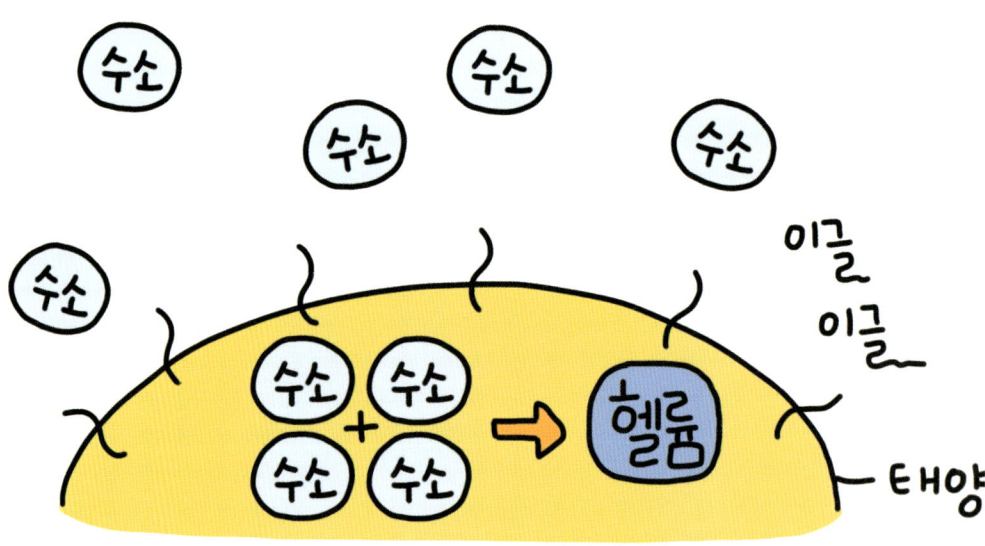

🔥 수소는 석탄과 비교했을 때 약 22분의 1, 석유와 비교했을 때 약 15분의 1에 해당하는 무게만으로도 석탄, 석유가 만들어 낸 것과 같은 양의 전기 에너지를 만들어 낼 수 있어.

😊 엄청나게 적은 양으로도 큰 에너지를 만들 수 있는 거구나!

🔥 맞아. 그래서 핵융합 에너지를 꿈의 에너지라고 불러.

😀 신재생 에너지, 수소 에너지 그리고 핵융합 에너지까지. 화석 연료를 대체할 많은 종류의 에너지가 준비되고 있구나.

😮 신재생 에너지도 있고, 수소 에너지와 핵융합 에너지까지 발전하고 있으니, 이제 너를 떠나보내야 할 때가 온 것 같아.

😊 함께 하고 싶은데, 환경을 생각하면 보내야 하고….

🔥 아직 너희에게 말하지 않은 중요한 사실이 하나 있어. 현재 과학 기술로는 지금 당장 화석 연료를 활용하는 기계 장치 전부를 대체할 수는 없어. 그래서 과학자들은 화석 연료를 적게 쓰면서 많은 양의 에너지를 만들어 낼 수 있는 기계 장치들을 계속 개발하고 있지.

😊 역시 인간은 대단해! 끊임없이 문제를 해결하고 있잖아.

🔥 너희가 지구에서 계속 살아가기 위해서는 꼭 해야 하는 일이야. 기후 위기가 심각해지면 인간도 사라질 테니까.

😊 나도 뭔가 도움이 되고 싶어.

🔥 하하! 이미 너희는 에너지 절약을 실천하고 있잖아. 그거면 충분해. 그리고 이거 정말 비밀인데, 화석 연료가 없어진다고 내가 없어지는 건 아냐. 지금은 불의 형태로 있지만, 너희에게 에너지가 있는 한 나도 에너지의 모습으로 언제든 너희 곁에 있을 거야.

😮 야호! 만세. 나는 너와 언제나 함께할 거야.

😊 나도, 나도!

열에너지

1판 1쇄 펴냄 | 2022년 6월 25일
1판 3쇄 펴냄 | 2024년 3월 15일

글 | 국립과천과학관 유만선
그림 | 김재희
발행인 | 김병준
편집 | 박유진
마케팅 | 김유정·최은규
디자인 | 최초아·권성민
발행처 | 상상아카데미

등록 | 2010. 3. 11. 제313-2010-77호
주소 | 서울시 마포구 독막로6길 11, 우대빌딩 2, 3층
전화 | 02-6953-7790(편집), 02-6925-4188(영업)
팩스 | 02-6925-4182
전자우편 | main@sangsangaca.com
홈페이지 | http://sangsangaca.com

ISBN 979-11-85402-13-0 74400
ISBN 979-11-85402-40-6 74400 (세트)

잘못 만들어진 책은 구입하신 서점에서 교환해 드립니다.

※본 책에 사용한 사진의 저작권은 셔터스톡, 위키미디어 공용에 있습니다.